ALAIN GROUSSET ET CARL DELAISSE

ET S'IL N'Y AVAIT PLUS DE LIVRES ?

MARABOUT

Quand je pense à tous les livres qu'il me reste à lire, j'ai la certitude d'être encore heureux.

JULES RENARD

Seul le vent, ancienne connaissance, ouvre furtivement la porte et feuillette un livre.

LIU PAN

1

EN pleine bousculade du métro,
je l'ai senti. Instinctivement,
ma main s'est agrippée à son poignet.
Il a eu l'air surpris d'être repéré.
Moi aussi, finalement, lorsque j'ai compris
que rien ne m'avait été volé,
mais qu'au contraire je percevais
quelque chose dans ma poche.
Je l'ai lâché. Il n'a pas tenté de s'enfuir.
Ma main a ressorti un livre de ma veste.
Il a souri, puis il est parti.

– Pourquoi ?
lui ai-je demandé, une fois rattrapé.

– Tel est mon plaisir,
a-t-il tout simplement répondu.

Je me suis arrêté net.

C'était trop beau.

2

Vous entrez chez quelqu'un
pour la première fois
et ce quelqu'un possède une bibliothèque !
Pendant qu'il va vous chercher
de la glace pour votre whisky,
vous n'avez qu'une hâte :
regarder, scruter, examiner SA bibliothèque.
Car vous savez qu'en quelques minutes,
vous allez en apprendre sur lui
bien plus qu'il vous en dira.
Au genre de livres qu'il préfère,
à la façon dont il les range,
vous connaîtrez sa vision de la vie
et de la société, s'il est rigoureux,
ordonné, éclectique, ouvert.
À la fin, vous saurez peut-être
si cette personne deviendra ou non votre ami,
rien qu'en contemplant sa bibliothèque.

3

Feuilleter,
c'est de la gourmandise pour les doigts.
Feuilleté se dit aussi en cuisine,
chaud ou froid, sucré ou salé.
Laisser les pages en l'air un moment,
suspendues, ouvrir au hasard,
laisser les mots se poser sur les yeux.
« Je feuillette les livres, je ne les étudie pas »,
disait déjà Montaigne, qui savait tant de choses.
Feuilleter, c'est chercher sans astreinte
la phrase qui nous parle,
qui, au fond de sa page,
patientait parfois depuis si longtemps.

4

JE pense que l'homme le plus proche
des aveugles est l'amoureux des livres.
Il est le seul à avoir développé une sensibilité
particulière à l'extrémité de ses doigts.
Il caresse une reliure,
surtout s'il s'agit d'un travail artistique,
reconnaît les nerfs du dos,
fait glisser son doigt dans la gouttière,
tâte les coins pour confirmer leur arrondi
ou leur pointe. Au toucher d'un livre,
l'amateur sait déjà s'il va ou non acquérir
cette nouvelle pièce.

Pourtant, le pire handicap pour lui
serait de ne plus voir ses livres !

5

UNE ville sans librairie
est un terrain vague.
Vaguement, on y vit, on y flâne,
on s'y perd, on s'y retrouve.
Une ville sans librairie,
c'est *Le Marteau sans maître*,
le vaisseau sans les embruns,
le remous des pages comme un souvenir.
Je n'aime pas rentrer les mains vides.
Je n'aime pas traverser les terrains vagues.
Jamais ici je ne pourrais vivre.

6

Dans le futur, plus de livres,
plus d'autodafé !, me disait un ami.

Au spectacle de ce qui brûle
sur la place publique,
répand sa fumée et marque l'Histoire,
répondra le bug, le programme effacé.
D'un clic, une œuvre s'éteindra, ou une idée.
Peut-être pas. La miniaturisation permettra
d'avoir l'*Odyssée*, les *Essais*, *Le Capital*
et quelques autres livres essentiels
dans le coin d'une clé,
cachés dans la chaussure.
Ou, tel un cachet sous la gencive,
l'encyclopédie interdite.

7

IL est bouffant,
bible, japon, chiffon, pur fil.

Il est couché,
brillant, vélin ou vergé.

C'est beau comme un poème,
le papier !

8

LES livres enferment le temps
qu'on leur a consacré. On le retrouve sous
la forme d'un marque-page oublié, de la lettre
d'un inconnu qu'on lit avec l'avidité d'un voyeur,
d'un ticket de métro, d'une carte postale…

Chacun vous dira ce qu'il a découvert un jour :
la photo d'une famille en noir et blanc
que personne ne reconnaîtra,
une coupure de presse jaunie,
une liste de courses parfois d'un autre siècle,
une blague d'almanach, un mot d'enfant
qui est passé sûrement de banc en banc,
une mèche de cheveux.

Nous-mêmes, qu'avons-nous oublié
dans un livre ? Le savons-nous ?
Le laissons-nous afin que nos enfants ou
de lointains passants un jour le trouvent ?
Dans un roman de Frison-Roche,
ma mère glissa un jour un edelweiss.

9

J'en connais un qui cote les pages des livres.
3/10, 5/10, 7/10, 8/10, parfois 10.
Son avis nous indique ainsi,
comme un sismographe,
l'endroit où selon lui l'auteur s'ennuie,
là où il reprend du poil de la bête,
de l'ardeur au récit.
Gare aux chapitres qui s'épuisent,
pour tomber dans le cercle,
le trou blanc du zéro.

Les plus belles pages sont celles où, passionné,
il oubliera toujours d'écrire sa note.

10

Curieux.
Autant je ne déteste pas lire
un livre annoté par d'autres, autant j'ai horreur
du surlignage, du stabilotage fluorescent.

Avec un crayon de bois, l'autre possède
tous les droits. J'adore sinon refaire la lecture
de mon prédécesseur, le suivre à la trace,
recueillir le fond de ses pensées
au fil de ses points d'exclamation ou
d'interrogation posés en bout de ligne.
Heureux quand je suis en phase
avec ses commentaires, hargneux lorsque
j'estime bêtes ses jugements à l'emporte-pièce.
Je suis spectateur de sa vie,
de son âge, de son époque.
Je sais aussi jusqu'où il a lu ce livre.
Ainsi, on devine, on partage avec un inconnu,
qui le devient de moins en moins
au fil des pages.

11

Nous sommes capables de déterminer
la personnalité de chacun dans tant de domaines :
une manière de manger, de s'habiller, de décorer
sa maison, et cetera. Aussi, je ne vois pas pourquoi
on ne ferait pas une étude
rien qu'en regardant votre marque-page.
J'en connais qui ont toujours le même,
qui sont déboussolés s'ils ne l'ont pas avec eux.
D'autres qui, comme moi, se servent
de n'importe quoi. Et surtout pas le marque-page
offert par le libraire ! Je les collectionne !

Et ce signet, je l'abandonne avec le livre.
Il fait partie intégrante de ma lecture. Ainsi, il arrive parfois
qu'il borne la dernière page lue sans pouvoir aller plus loin.
Oui, je l'abandonne en même temps que ma lecture.
Ce livre impie n'a pas pu me passionner
jusqu'au bout. Je lui en veux.

Quant à la solution extrême de corner la page,
je ne puis m'y résoudre. Un jour, dans le métro de New York,
j'ai fait un test pour comprendre si mon cœur était solide,
si j'étais ou non un tueur impulsif.
Une femme en face de moi arrachait méthodiquement
les pages d'un livre juste après les avoir lues. Lorsque j'osai
lui demander pourquoi elle faisait ça, elle me répondit
gentiment qu'ainsi elle savait où elle en était. Imparable !

12

J'adore acheter les vieux livres de cuisine.
Ils portent l'âme de la cuisinière disparue
qui leur a fait tellement confiance.
J'aime ces taches brunes d'ingrédients indéfinis,
j'aime ces traces de doigts gras,
ces coupures de journaux qui encombrent
toujours les dernières pages de ces ouvrages.
Recettes découpées, retenues, choisies,
avez-vous été expérimentées ?
Doux mystère que je conserve précieusement
avec l'appétit de ce livre…

13

LE dictionnaire de cet ami
est rescapé d’un vieil incendie.
Des noms, des définitions ici et là
en ont pris un coup.
Pas bon d’être le mot « candeur »,
carrément massacré, trop noirci.
Le feu a brûlé au coin supérieur droit,
a emporté la « cendre »,
s’est propagé jusqu’au S,
n’a pas atteint le « suicide ».
Je le feuillette et jc reviens vers le début,
je suis soulagé : le mot « amour » est intact.

14

« Elle était assise
sur un fauteuil de bureau,
dans une petite pièce dont les murs
se trouvaient entièrement cachés
par des livres bien rangés
sur des planches de bois noir.
Les reliures, de tons différents,
rouges, jaunes, vertes, violettes et bleues,
mettaient de la couleur et de la gaieté
dans cet alignement monotone de volumes. »
Relisant *Bel-Ami* de Maupassant,
je repense à l'émerveillement,
toujours recommencé, de la couleur.

15

IL est à moi !
Je le tiens, le serre contre ma poitrine.
Je sais : c'est idiot, mais il m'appartient
désormais. Pourquoi ce livre me rend-il fou ?
Tout simplement parce qu'il fut l'hôte
de quelqu'un d'autre avant.
Et ce quelqu'un, je le vénère.
Et voilà que j'ai accaparé un peu de lui-même,
volé un rien de son intimité,
de son rayonnement.
Je lis les pages qu'il a lues.
Je hume celles qu'il a respirées.
Je touche celles qu'il a tournées !
J'ai bien conscience que cet ouvrage
est tombé de haut sur ma table.
Mais, que m'importe, je suis heureux…

16

SI un passant égare un bijou,
un portefeuille, je vais courir derrière lui,
comme un joueur de poker
qui ne regarde pas la mise.
Pour les livres, en rêve, je suis plus déviant.
J'hypnotise les libraires.
Ils oublient mes poches.
J'en ai cent. Les livres tombent,
comme se renverse le *Titanic*,
et, mine de tout, de rien,
dans mes cent poches,
en songe je les recueille.
Car les livres ont une âme,
c'est pour ça qu'en rang,
dégoûtés d'être à la file, en tas,
seuls soldats, ils implorent
même sans préface qu'on les voie bien en face,
qu'on les prenne avant tout, qu'on les emporte.

17

JE ne lis qu'au lit.
Je ne sais comment font ceux qui lisent
sur la plage, dans une chaise longue
ou en voiture. Moi, il faut que je sois couché,
sur le côté, la tête tenue par l'avant-bras.
Alors je lis,
je lis jusqu'à ce qu'une crampe me prenne,
que les fourmis m'engourdissent le poignet
à en avoir mal.
Je change de côté
et ainsi de suite avant que mes yeux se ferment,
me donnent l'ordre d'éteindre la lumière.
Et lire au lit, bien au chaud,
tandis que l'orage s'énerve au-dehors.
Du bonheur à l'état pur !

18

NÉ avec l'imprimerie,
l'ex-libris me fascine.
J'adore en découvrir un dans un beau livre.
En même temps, je me dis qu'il affiche
toute la vanité de son propriétaire.
Il semble signifier aux autres que cet ouvrage
n'a de valeur que parce qu'il a l'insigne honneur
de lui appartenir. Quelle suffisance !
Oui, je sais qu'il est émouvant de tenir
entre ses mains un livre, lui-même touché,
lu, par un illustre prédécesseur.
Tout de même, ces ex-libris me chiffonnent.
Jamais je n'en ai vu plusieurs
collés sur la page de garde.
À croire que le dernier propriétaire
ne supporte jamais les précédents !

19

Dans certains vieux livres,
il y a un détail qui m'amuse toujours :
le ver qui a creusé sa galerie.
Certains ont réussi à traverser l'ouvrage
de part en part. Pour aller où ?
D'autres se sont mystérieusement arrêtés
en chemin, d'autres encore ont stoppé
leur folle descente pour partir
d'un seul coup à l'horizontale.
Bref, à chacun sa vie d'invertébré.

Il m'arrive parfois de rêver que je suis un ver
qui s'enfonce dans une histoire
tout en la dégustant rondement.

20

J'ai toujours été fasciné
par la chose suivante :
vous avez une étagère remplie de livres.
Vous en prenez une dizaine d'un coup
et vous regardez ce qui se passe invariablement
ensuite. Le premier restant se couche
puis tombe par terre, au suivant,
encore et encore jusqu'au dernier.
Je pourrais arrêter l'hémorragie
dès les premières secondes. Je sais bien
qu'il va me falloir dix bonnes minutes
pour les reclasser ; pourtant, je laisse faire,
hypnotisé par cette rébellion livresque,
cette fuite. Ne sont-ils pas heureux
mes livres sur cette étagère ?
Cela me laissera toujours perplexe.

21

Tous les ans, branle-bas de combat !
Je range mes livres autrement. Partagé que je suis.

Par ordre alphabétique ? Efficace pour retrouver un auteur,
puis un titre. Ouais, mais pas beau à l'œil.

J'ai un copain qui classe ainsi ses pots d'épices,
ça me fout les boules.

Par collection ? Parfait… pour le haut de la bibliothèque,
mais, arrivé au milieu, cela se gâte,
plus qu'un fourre-tout infâme.
Et puis, pour les collections,
on se sent minable d'un coup,
avec tous ces numéros qui vous manquent.

Par thème ? Bon sang, mais c'est bien sûr !
Là aussi, tout va bien au début, mais, à la fin,
chaque œuvre invente son propre thème.

Et si je rangeais mes livres en deux parties :
ceux que j'ai lus et ne reprendrai pas,
ceux que je n'ai pas encore lus ou envie de relire.
Au moins, je saurai où j'en suis. Quel casse-tête !

Mais, finalement, qu'est-ce qu'on est heureux d'avoir passé
toute la journée à tripatouiller des livres, les siens !

Au passage, on a fait une pile à lire ou à relire d'urgence.

22

Pourquoi sont-ils là,
entassés sur deux ou trois étagères maximum,
dans chaque hall d'hôtel ?
J'aime aller les regarder, les scruter.
Les emprunter, jamais. Trop peu m'intéressent.
Pas mal de biographies de gens du star system,
des romans insipides, des professions de foi
dépassées d'hommes politiques dépassés,
un ou deux ouvrages en anglais.
J'aime quand même les parcourir
tant ils sont le reflet de ce qui se lit, le soir,
dans les chambres. Sont-ce des livres oubliés
ou volontairement abandonnés par lassitude ?

Ils me font de la peine d'être là
à attendre un hypothétique nouveau lecteur.
Un peu comme la bible dans le tiroir de chevet
de certains établissements.

23

LE nombre de livres
qui ne m’ont jamais été rendus !
Victime consentante finalement,
car, à chaque fois, on sait parfaitement
comment cela va finir.
Avez-vous déjà réclamé ?

Quoi ? L’autre en face s’offusque,
vous prend pour un rat.
Comment avez-vous l’outrecuidance
d’oser cette démarche impie de récupération ?
Alors, au fil des ans, vous renoncez.

Quelque part parce que vous êtes heureux
d’avoir fait partager vos goûts.

Le nombre de livres que je n’ai jamais rendus !
Souvent ceux de mes ex
qui ne les méritaient pas…

24

JE connais une gentille dame
qui collectionne les différentes éditions
des ouvrages de Colette.
Du poche au tirage de luxe,
de la première édition à celle,
vulgairement brochée et jaunie par les ans.
Son plaisir est immense
quand elle découvre une nouvelle présentation.
Elle s'empresse de l'inscrire sur son carnet où,
pour chaque titre, tout est soigneusement noté
depuis de si nombreuses années.
Quelle conservation du patrimoine littéraire !

Avec le numérique,
le texte sera-t-il définitivement figé
ou numéroté, genre version 2.0 ?

25

UN livre, ça doit pouvoir se manger,
pensait un bébé très docte.
Les livres de bain sont trop mous.
Ils sentent ce machin qu'on appelle plastique,
si on les gonfle en crocodile, ça peut aller,
au moins ça flotte. Le livre, belle tablette de maman, lui,
il a coulé. Trop lourd, pas crocodile, pas bateau.
Maman a crié, à cause de la chose noyée sous le savon bio.
Elle a retiré la chose qui a fait un éclair,
a vidé l'eau en hurlant mieux que moi. On a eu chaud.
C'est pourquoi elle est revenue à celui en carton,
ma maman. J'apprends à lire. Je suis très à l'avance,
même papa arrive toujours en retard.
J'ai déchiffré mes premiers mots : *Made in China*.
Ce livre-là, c'est meilleur que le machin plastique.
Il y a des trous dedans pour placer les doigts
comme dans le fromage, j'y mets la langue,
puis les dents. Maman me l'a interdit,
mais papa, qui débarque, tendrement m'a dit :
– Toi, ma fille, quand tu seras grande,
tu dévoreras les livres.

26

Vous savez que ce n'est pas bien,
que c'est même interdit
sur les vieux livres, mais vous le faites
quand même, sans vous en rendre compte,
perdu dans vos pensées, votre lecture.
Vos yeux parcourent la page,
votre attention est à son comble.
Que va-t-il se passer ensuite ?
À deux lignes de la fin, inconsciemment,
vous faites le geste impie, défendu :
votre doigt s'approche lentement de la bouche,
la langue sort juste ce qu'il faut et vient
humecter le bout de votre index.
Aussitôt après, vous tournez vivement la page,
sans perdre une seconde,
de peur que le fil de l'envoûtement se casse.

Ça risque de patiner sur l'écran tactile !

27

JE cherche depuis un bon moment.
Enfin, c'est là. Rangé au-dessus des autres.
Ça se soulève délicatement.
J'ôte d'un revers de main la poussière
des ans pour mieux lire ce qu'il y a d'écrit.
C'est définitivement choisi. Je l'ouvre.
La dégustation peut commencer.
Je hume son parfum délicat qui me renseigne
sur son âge. À l'œil, je constate, inquiet,
que sa robe est bien jaune.
N'a-t-il pas trop vieilli ? Tiendra-t-il le coup ?

Je débouche une bouteille de monbazillac,
château les cailloux grande maison, 1975.
Même robe.

Verre à la main, la relecture peut s'entamer.
Du bonheur plein la tête.

28

Quand ma voisine bouquine,
elle s'excite, se lève, se rassied,
parfois bondit tel un bouquetin.

Elle papote toute seule, suçote un doigt,
chuchote à la page tournée,
puis ses yeux s'enluminent,
elle rit comme on appelle au loin.

Elle ne sait pas que je l'observe,
que je rêve d'être ce livre, un peu bousculé
parfois, mais touché, collé, serré, caressé,
d'une humeur taquine.
Lisez encore, lisez chère voisine,
dans le jardin, à la fenêtre, dans la cour,
que je vous regarde toujours,
caché en face, l'air de rien,
derrière mon bouquin.

29

OÙ que j'aille,
j'ai toujours un livre avec moi,
fleurant bon le neuf et comme inviolé,
paroles prêtes à s'écrire au regard, à s'inventer,
au seul désir des yeux, au rythme choisi.
Où que j'aille, toujours un livre, parfois
un écorné, un vieux de la vieille, un retrouvé,
un réprouvé, un fatigué avec son signet,
une page encore pliée d'une ancienne lecture
paresseuse. Ou celui qu'on lit
sans se lasser, pays connu et frémissant
à chaque nouveau voyage.
Où que j'aille, j'ai un livre,
et si je l'oublie, j'ai un manque, là,
au bout des doigts.
Où que j'aille, c'est écrit :
j'ai toujours besoin d'un livre
pour ouvrir les paysages.

30

Vois-tu, mon grand ?
Un livre a un dos, il te porte.
Un livre déroule deux couvertures,
il te réchauffe.
Le livre posséde des nerfs, des coiffes, des mors,
des gardes, il te défend.
Un livre a une tête tant il te fait penser,
et des fonds pour ne pas te noyer.
Plein cuir, c'est vrai qu'il peut être aussi
plein chagrin, mais sa gouttière empêche
le trafic des larmes. Un livre a un corps,
c'est un ami comme les autres.
Ce qu'il te dit, c'est à toi de le répéter ou pas.
À une lettre près, livre est libre, et, vois-tu,
mon grand, est-ce un hasard, vraiment ?

31

Méfie-toi des mauvais livres,
ils donnent le cancer ! me disait un dramaturge,
un qui a le soleil dans la poche. Lui aussi avait fait
le compte des livres qu'on peut engranger dans une vie,
pas si nombreux au fond. Allons, quittez ceux
qui alourdissent. Si c'est celui-ci, tant pis pour moi.
Si pas, soyons complices de tous ceux qu'on déteste,
écrits par des coqs, des rapaces,
des vedettes en nuisette, des romans qu'on dit
à l'eau de rose (alors que l'eau de rose sent bon)
ou des philosophes en chemise trop blanche.
Méfiez-vous des mauvais livres,
ceux qui apprennent à penser mouton,
à faire le caillou, le couillon.
Ayez la bonne santé, même noire,
du livre que vous emportez.
Ne respectez pas la posologie,
soyez libres comme parfois le sont les livres,
ceux qui nous heurtent, nous touchent,
s'évertuent à atteindre sans éteindre.

32

JE me penche, me déhanche,
je fais le coup du dossier qui tombe.
Elle est là, deux rangées plus loin, dans ce train.
Je m'étire, me balance, me glisse,
je triche un peu avec le cou,
mais je persiste, au risque de l'élongation.
Je trépigne, je crois que je vais me lever.
Non, je voudrais demeurer discret.
Mais si elle change de position, c'est foutu.
J'ai tout essayé pour lire
quelques lettres, un nom d'auteur,
pour trouver le moindre indice.
Ah, bon Dieu, quel est donc le titre du livre
qu'elle dévore sans bouger depuis une heure ?

33

Quand elle aimait un livre,
Magda le serrait contre son cœur.
C'était un geste que l'on pouvait tenir
pour ridicule, y deviner des lectures trop
sentimentales. Mais les livres qu'elle serrait
contre son cœur étaient emplis par des histoires
lointaines à l'esprit d'ici, contemplatives,
des poèmes chinois appelant à sortir du monde
par la porte des paysages et, en toute situation,
à n'en faire qu'à son idée.
Ainsi, le livre survivra, contre un cœur
ou ailleurs, la lectrice demeurant elle aussi
celle qui promène insatiablement les yeux
et n'en fait qu'à sa tête.

34

ÇA fait des plis, les mots des livres,
ça crisse, plisse, déplisse, croise, décroise,
ça balance pas mal,
ça prend son temps de mots,
ça fait des bribes, des retours,
des élans, des détours, ça ressemble à l'amour.
Ça fait des plis, les mots des livres,
ça déroule ses mystères, ça nous fait attendre,
ça joue son filigrane, son supplément d'âme.
C'est l'écran blanc où la lumière viendra
vraiment de l'intérieur.
Ça fait des plis, les mots des livres,
ça fait des vagues,
des petits bruits ou des scandales,
ça fait tomber de haut ou aimer de partout.
Ça ne fait pas un pli,
je préfère les mots des livres.

35

À l'hôpital, j'en ai emmené trois.
Il est probable que je ne les lirai pas.
Je n'y reste pas assez longtemps.
Et puis, je serai fatigué, après l'opération.
Je n'aurai pas la tête à ça.
Mais je les place sur la table de chevet,
comme on arrange un bouquet.
Avec eux, près du lit électrique,
sous la lampe trop blanche,
je me sens revenu dans un pays connu,
un peu comme chez soi.

36

Emporte encore ton bouquin chiffonné
dans ta poche de jeans ou de manteau.
Il entre tout juste, en le froissant.
Mais tu sais qu'il est là ; au moindre courant
d'air dans la parole des autres,
une récréation dans la rue, un moment à soi
au milieu ou au point du jour, tu le reprends,
il se déplie à la seconde, un bruit ténu mais vif.
Et là, tu t'y plonges, tu brasses les phrases
dans l'urgence, pour découvrir : la suite, l'issue,
la chute, le baiser, l'assassin, la rédemption.
Bientôt, tu repars, le bouquin s'enroule,
curieux tapuscrit qui t'accompagne
tandis que, courant dans la foule, vers le métro,
tu ris d'imaginer la fin d'une autre histoire.

37

LA femme de ménage du château
est allergique aux livres.
Pour elle, les vieux puent le plomb,
c'est mauvais pour la santé.
Les reliures, ça se désagrège,
elle en voit les microbes voler les jours de soleil,
sous la baie vitrée. Et les manuscrits, pleins de ratures.
Quand on fait des ratures, on jette.
Ah, si elle le pouvait... Elle en rêve
lorsqu'elle va le samedi,
avec son mari, à la déchetterie.

Les livres neufs, c'est déjà mieux, mais ça empeste aussi,
le papier, les couvertures glacées, odeur de plastique,
de gélatine. À la télé, on parle du numérique.
Tout dans l'ordinateur, dans une tablette ?
Gain de place, de travail, d'hygiène, finies les allergies !

En attendant, contrainte et forcée par Madame
(grande lectrice), elle prend les poussières,
jamais sur les rayonnages.
Ah non, ses doigts ne toucheront pas ces choses-là,
les livres, c'est bon pour les souris.
Elle les effleure de loin, avec dédain,
du bout de son plumeau rose.

38

Requiem pour le mot signet,
qu'autrefois on prononçait « si-net »
(le *g* étant muet dans l'ancienne graphie),
qu'ensuite on prononça « signet »
et que bientôt, hors du favori de l'ordinateur,
on ne prononcera plus ailleurs.

39

ON les appelait les livres en uniforme, tous
alignés au garde-à-vous sur un meuble, jamais
consultés, toujours dépoussiérés,
prêts pour la revue. Des livres à lignes souvent,
comme des galons. Et solides avec ça,
habillés comme pour affronter l'hiver.

On les appelait pour rire les livres en uniforme,
ceux que les gens recouvraient tous
avec le reste d'un rouleau de papier peint.

40

Béni sans nostalgie
le temps de lire sous la lampe.
De s'entendre dire :
Ne lis pas tout aujourd'hui.
Béni le temps des livres de prix
où on lorgnait pour savoir qui aurait
le gros en dessous, à cocardes,
pour le premier de la classe.
Béni le geste de passer,
d'un cartable à l'autre,
le livre interdit, la bande dessinée.
Bénie la rougeur de celui qui voit,
dans un livre d'art,
les premiers seins de femme,
un tableau de Courbet.
Bénie l'enfance du livre,
toujours recommencée,
pas prête à s'arrêter dans le futur,
quelle qu'en soit la forme.

41

Pour être nous,
nous passons par la peau des livres.
L'invisible parfois offre à se toucher.
Il y a le grain, l'ivraie est loin,
l'ivresse est là, le livre. Pour être nous,
nous feuilletons la vie avec tous ses chapitres.
Nous racontons avec le bout de nos doigts,
nos histoires glissent dans la paume,
et dans le poing fermé, doucement,
un livre bat encore.

42

Memeux,
c'est le nom du premier livre électronique
qui a existé en ce monde, en 1945.
Ce premier bouquin (qui était une bouquine)
est bien oublié aujourd'hui.
Qui la soigne, la Memeux ?
Qui la choie, la Memeux ?
Qui la caresse ou appuie sur ses rares fonctions
qui grésillent encore ? Ah, pauvre Memeux,
comme elle paraît éteinte, la vieille !
Avec son nom d'arrière-grand-mère
qui meugle, elle est bien isolée.
À la MRI (Maison de retraite des inventions),
c'est aussi une de celles qui lit le moins.

43

Combien de gens oseront lire
avec leur liseuse dans la salle de bains ?
… et dans les WC ?
ou les jours d'orage ?
ou dans les quartiers chauds ?
ou à la sauvette ? derrière un banc ?
dans le sable ? à la bougie ?
sous la première étoile ?

44

Quoi, le papier ?
Mais qu'est-ce qu'ils ont tous avec ce papier ?
Pourquoi ont-ils peur du numérique ?
Les livres naissent bien dans les ordinateurs des auteurs,
grâce aux traitements de textes qui rattrapent
leurs fautes de frappe, leur signalent les doublons,
leur permettent de corriger. Ensuite, c'est en numérique,
par fichier, que les auteurs transmettent leurs œuvres chéries.
Et la maquette, et l'imprimeur ?
Bref, l'électronique, dématérialisée !
Alors, pourquoi passer par la phase de ce papier
qui pollue tant à être fabriqué ? Sans compter les éditeurs
qui font réaliser leurs gentils albums écolos à l'autre bout
du monde. Mais regardez-vous dans une glace !
C'est fini, vous êtes de la génération descendante, dinosaures,
derniers des Mohicans avec votre amour pour les livres.
Ils vont disparaître avec vous, rentrer dans un musée
où seuls des chercheurs pourront les toucher ! Clap de fin !

Je me réveille. J'adore me souvenir de mes cauchemars.
Je tourne la tête pour me rassurer,
je vois la pile de livres à côté de ma lampe de chevet.
Je souris. Ouf ! J'ai encore le temps.
J'ouvre les yeux vraiment.

45

Tant de livres guillotinés,
sous prétexte de ne pas être assez durables,
livres démembrés dans des mains pressées,
tamponnés, puis tronçonnés ?
Avec la bonne conscience de sauver
l'âme des mots par un microfilm
qui se révèle bien plus éphémère.
Ainsi les livres qui s'éteindront
avec les modes, les programmes,
que l'humain perdra sur un écran
dans une corbeille dont le scritch imite en vain
le cri du papier que l'on froisse.

46

Quand je pleure sur mon e-book,
ça fait des splatchs, des wizz, des spocks
(en cas de roman très sentimental).
Quand je pleure sur mon e-book,
ça fait des reflets, j'y mets le coude,
le mouchoir, le bout des doigts.
Ça pourrait absorber au moins, à ce prix-là.

Et c'est bien triste
si on ne peut même plus pleurer tranquille.

47

Comment fera-t-on
lorsqu'il n'y aura plus de revues ?
Je parle des jours où on est coincé
dans une salle d'attente.
Vous savez,
ces magazines mille fois feuilletés, écornés,
à la couverture éventrée par l'usage intensif.
Vous résistez un temps, vous ne voulez pas
montrer que vous mourez d'envie
de vous abaisser à lire ces torchons *people*.
Puis, de guerre lasse, crevant d'ennui,
sachant qu'il y a encore trois personnes avant vous,
vous vous lancez avec délectation
sur ces ragots aussitôt lus, aussitôt oubliés.
Mince, il y a même quelqu'un qui a terminé
les mots croisés et les sudoku !

L'attente va être longue !

48

Quelque part dans un collège du futur…

« Chers parents et surtout chers enfants,
Nous voici au terme d'une année scolaire
qui, je l'espère, aura été profitable pour tous.
Cette remise de prix marque l'aboutissement
d'un travail consciencieux et honnête
fourni par les meilleurs d'entre vous.
Il est juste qu'ils méritent une récompense.
Aussi, sans plus tarder,
j'appelle le troisième prix d'excellence
du niveau des sixièmes.
Il s'agit de Sébastien Karenlis.
Je vous demande de l'applaudir.

L'élève monte sur scène
en faisant le V de la victoire.

Sébastien, je suis heureux de te remettre
cette clé USB, contenant deux cents romans,
offerte par les Éditions Hachette. »

49

Gustave abrège Flaubert.
L'histoire, il l'aime assez, mais, d'un doigt,
il supprime les descriptions.
Parfois, il a l'index trop lourd
et Madame Bovary est plutôt rétamée,
côté désir, fuite, ressentiment.
Sa vie devient une bande-annonce
et Gustave se dit qu'en la résumant encore
sur sa tablette, il la verra bientôt toute nue
sur son écran, offerte à lui
entre deux paragraphes bien effeuillés.

50

C'est toujours avant de dormir
qu'un livre est le mieux,
numérique ou pas.
Caché sous l'oreiller, la couette,
puis poussé par un pied qui,
sous l'emprise fulgurante du sommeil,
le balance lourdement sur le sol.

– Merde ! Qui a cassé mon e-book ?
souffle-t-on le matin, hors de soi.

51

« Cher Monsieur,
pendant plusieurs années et grâce à votre travail acharné,
nous avons continué à présenter sur notre écran source
les œuvres de M. Jean-Jacques Rousseau.
Étant donné une chute très sensible des téléchargements,
que nous déplorons, nous nous voyons dans l'obligation
d'effacer cette œuvre par DIA
(désherbage informatique agréé).
Nous espérons que certains documents ayant permis autrefois
cette numérisation sont toujours en votre possession
ou présents dans une bibliothèque provinciale non recodée.
Cela se passera donc mercredi.
Les internautes auront néanmoins le droit de télécharger
le pitch général de l'œuvre en tapant comme mot de passe :
"Promeneur solitaire". Bien que nous soyons tristes
de cette disparition, j'espère que vous comprendrez
notre nécessité de déstockage dans ce monde
où les flux parasitent de plus en plus souvent
la communication personnelle la plus immédiate.
Veuillez recevoir nos meilleurs sentiments.

Le comité de lecture programmeur. »

52

À y réfléchir,
c'est chouette, une liseuse électronique.
On peut transporter avec soi sa bibliothèque,
comme un auteur peut transporter son œuvre
dans une clé USB accrochée à son cou.

Mais ne rien sentir ?!
Pas la moindre odeur du papier,
du vieux papier,
de l'encre des vieux livres de poche,
savoir que le lecteur précédent était fumeur,
une femme qui se parfumait.

Mazette !
On est en train de fabriquer
des lecteurs sans odorat !

53

En Amérique,
à l’achat de certains livres numériques,
on reçoit en cadeau une vignette d’odeur.
Parfum vieux livre.
Pour accompagner la lecture.
Un peu à la façon dont on saupoudre
les poulets de batterie avec des épices grillées
à la saveur *authentique* de volaille.

Respirez tant qu’il en est temps
ce qu’un grenier, une armoire exhalent.
C’est déjà ça de pris sur la fuite du temps.

54

Vient le temps du format unique,
où tout est un rectangle,
à la façon des maisons et des tombes.
Adieu à celui qui joue à l'italienne,
in-plano, in-folio, in-quarto, in-octavo.
Et relié au monde par les mots de la reliure,
de Colombier à Jésus, de Raisin à Coquille,
de l'Écu jusqu'à la Couronne.
Le livre doit-il être créé
pour tenir dans l'espace de la main
ou être posé sur une table géante ?
Est-il doué pour les secrets de la poche
et est-il cette énigme à regarder de loin,
puis à toucher du bout des doigts ?

55

Un dimanche matin,
mon curé devant l'autel prononce son homélie.

« Dieu est mon Sauveur. Un jour, il m'a dit :
“Prends ta croix et suis-moi !”
Le chemin fut long et difficile,
mais il m'a permis de voir la lumière.
Vous aussi, chers paroissiens,
la lumière est au bout du chemin.
Sachez la trouver pour l'amour du Christ. Amen. »

Il laissa passer un instant de recueillement
puis poursuivit sa liturgie :

« Je vous invite maintenant à chanter
le numéro 36 sur l'e-book de chants.
Ceux qui n'en ont pas peuvent regarder
les écrans géants situés dans les allées. »

Je sais que je suis vieux jeu,
mais je n'arrive pas à m'y faire.
Pareil pour l'énorme bible qui a disparu du lutrin
au profit d'un large écran tactile.

56

J'aime Rutebeuf.
Papa n'est pas emballé.
Je lui ai dit que cet auteur est du XIIIe,
que nous habitons dans le 13e.
Dans l'espace-temps,
ça fait comme une connivence.
Pas la peine. D'un air dédaigneux, il m'a lancé :
En plus, ton Rutebof est inédit en numérique,
c'est tout dire. Puis il a ajouté :
C'est triste, ce type qui parle de lui.
En plus, dire : J'aime Rutebeuf,
ça fait un peu slogan pour pauvres.
Non, papa, tu ne me refileras pas
ton Christine Angot « dans le même genre ».
Rutebeuf, c'est riche. Rutebeuf, c'est de l'or,
comment aider papa à s'y investir ?

57

C'est génial,
tu mets la souris sur les mots et ça les définit.
Du coup, je lis Schopenhauer,
pas les mémoires d'un footballeur
comme je dis aux gens du quartier
qui me demandent qui c'est,
pas un gardien allemand qui tacle,
enfin pas les genoux, plutôt les âmes.
Ni un conducteur de formule 1 prétentieux.
Je peux le lire en langue originale,
j'ai la traduction simultanée,
il paraît que c'est plus drôle,
puis j'ai des photos des lieux dont ils parlent,
et ouf pas de son temps, des photos modernes.
Il y a d'ailleurs la rue Schopenhauer,
qui, elle, ressemble à une impasse.

Puis enfin les liens, ses portraits, même en duo
avec BHL. Ça m'a rassuré, la technique,
il ne faut pas que ça nous rende pessimiste.

58

C'était qui, le meurtrier ?
Je faisais une pause. Je lisais dans ma voiture.
Écran blanc pour roman noir.
Cadavres sur les genoux, cigarettes.
Puis, problème, la page tactile n'avance pas.
Batterie faible pour histoire forte,
et je n'ai pas la prise de l'allume-cigare.
Le livre s'est éteint. Sur le parking,
une lumière encore, je cours.

Au supermarché, j'achète le double papier.
Un miracle, il existait, ce double,
grâce au succès. J'ai pu savoir, c'est plié.
Ah, ce salaud de Stanley, si classe en apparence,
si amoureux et doucereux, je suis content
de réaliser à quel point c'est un fumier.
Parfois, il est nécessaire
de ne pas devoir attendre de savoir.
C'est aussi ça, la modernité.

59

Longtanjmes8couchédebonneur
blitzcracproustswann…
J'ai un virus dans mon livre.
Ça change les mots,
ça active la fonction « langage sms ».
Je dois lire ce Proust pour demain, en abrégé.

Je vais voir si jamais papa l'a encore, au grenier.
Sinon, demain, à l'interro, c'est la bulle.

60

IL était une fois un livre délaissé.
Au pilon, il riait.
Coincé dans le culot de la machine,
il avait survécu à beaucoup d'œuvres incomplètes,
de romans de vedettes et de poésie. Tout ça en confettis,
en papiers recyclés, mais sans lui. Il était éternel.
Qui ne meurt pas trop vite toujours se réédite.
Comme le chat, il a sept vies, à défaut d'éditions.
Un livre de fond et qui ne fond pas,
un rêve pour la forme.

Sauf que les autres arrivèrent, les numériques au pilon,
des disques, des mitrons, de l'alu sans allure,
de l'écran sans pelure, du gris sans grain,
et ça fit du boucan, ces métaux à casser, du genre
robot à dépecer, et la machine à s'emballer,
même plus de notice à lire, ça glisse dans les rouages.
À demi-mot, poussé par sa quatrième, le livre tombe,
et meurt tranché, fondu comme du beurre.

61

JE le hais !
Vous savez, ce petit jeune,
qui se croit libraire.
Celui avec son petit gilet,
sponsorisé par son magasin,
le cul vissé sur sa chaise tournante,
qui ne vit que par écran interposé.
Celui qui, d'un air condescendant,
daigne interroger son ordinateur
afin de chercher l'ouvrage
que vous ne trouvez pas dans les rayonnages.
Celui qui est persuadé que, de toute façon,
vous lui avez donné un mauvais titre
ou écorché le nom de l'auteur.
Celui qui enfin le déniche sur son écran,
encore en noir et blanc,
et qui vous dit laconiquement :

– Faudra le commander.

62

A *contrario*, j'adore le libraire bordélique.
Celui qu'on ne voit pas à l'entrée de son magasin exigu,
caché tout au fond de son antre par des piles et des piles
de livres, menaçant de nous ensevelir d'un instant à l'autre.
Cet homme étrange vit dans cette drôle de boutique
– dans laquelle ceux qu'aiment les libraires que je hais
plus haut n'entrent jamais – où il est quasi impossible
de se croiser tant il y a peu de place pour circuler.
Les clients qui viennent là ne sont pas des clients ordinaires.
Ils se reconnaissent, se sourient,
savent qu'ils sont de la même trempe. Un regard suffit.
Une franc-maçonnerie du livre, je vous dis.

Vous, vous cherchez, vous découvrez mille livres
dont vous ne soupçonniez aucunement l'existence,
vous ne trouvez pas le livre que vous désirez,
car c'est effectivement un peu bordélique.
En désespoir de cause, vous demandez au libraire
qui possède à peine l'emplacement d'une tasse de thé libre
sur sa table *capharnaümisée*. Vous hachez le titre,
vous déformez allègrement le nom de l'auteur.
L'homme sourit, se lève, marche d'un pas vif
dans son labyrinthe de bouquins, s'arrête net face à une pile,
chope l'ouvrage coincé au milieu du tas, d'un geste adroit
le sort de sa prison sans que rien ne s'écroule et vous le tend.

Chapeau l'artiste, je vous aime ! Vous êtes libre !

63

Dans l'œuvre de Jean-Charles,
anthologiste trop oublié,
il y avait une anecdote sur ce livre qu'on vient chercher.
Pas le coup classique où le client d'avant nous s'avance :
Je voudrais un livre de… J'ai oublié l'auteur.
Le titre ? Le… la. Je ne vois plus. C'est passé à la télé.
L'éditeur ? Encore moins ! Ah, vous ne l'avez pas ?
C'est surprenant. On en parle.
Non, pas cette fois-là, mais celle où l'étudiante,
plus sûre d'elle, demande : Liliane est au lycée.
Le libraire cherche en vain.
Les Martine, ça existe. Mais Liliane ?
Il réclame des précisions.
C'est un abrégé. Pas d'images. Pour l'école.
Ça parle de guerre, il y a très longtemps.
Puis, encore ? Il y a un cheval de bois.
Ah, ça y est, le libraire le sort d'une pile :
l'*Iliade* et l'*Odyssée*.

64

Qui es-tu,
toi qui franchis la porte de ma librairie ?
Derrière mes lunettes aux courbes bizarres
pour montrer que je ne suis pas comme tout le monde,
je te regarde et j'essaie de deviner qui tu es,
ce que tu vas vouloir.

Es-tu le timide qui tend un bout de papier
avec un titre de livre pour sa fille qui va l'étudier ?
Je sais que tu ne mets jamais les pieds dans ce genre
de magasin. Tu es un peu émerveillé, un peu gêné,
désireux de sortir au plus vite.

Es-tu celui qui entre pour la première fois
mais qui est déjà chez lui ? Tu es en voyage,
tu as un petit moment de libre et tu fais les librairies,
histoire de comparer avec celles de ta ville.
Tu inspectes comme envoyé par le guide Michelin.
Tu n'achèteras rien, mais tu auras passé du bon temps.

Es-tu celui que je connais trop bien ?
Celui qui vient tous les mardis sans exception,
celui qui fout le bazar, déclassant les livres,
celui qui va m'occasionner une demi-heure
de remise en forme de mon magasin.
Je te souris, mais si je pouvais…

65

Planquez-vous : le voilà !
Le monstre, l'abominable, l'innommable, le pervers,
le détestable, l'horrible, l'effroyable, le hideux, l'épouvantable,
le méprisable, l'abject, l'ignoble, l'infâme…

Il est là comme chaque début de semaine.
Il passe parmi nous, le visage sévère, la mine grave,
la main alerte, prête au malheur. D'un geste vif et sûr,
il s'empare de l'un d'entre nous, notre voisin depuis
des mois. Horreur ! Nous ne le reverrons jamais.
Cela peut nous arriver, à nous aussi,
à n'importe quel moment, c'est la dure loi du milieu.
Seuls certains nous narguent du haut de leur grande pile.
Eux, les vedettes, ils ne risquent rien… pour l'instant.
Un livre du fond de la librairie m'a raconté qu'ils n'étaient pas
à l'abri d'un brusque changement de mode.

N'empêche que ce ramassage de livres par le libraire,
ça fout les jetons !

Remarque, cela me rappelle l'anecdote où, après huit ans,
un libraire se résout enfin à renvoyer un livre chez son éditeur.
Le lendemain, un client entre dans sa boutique
et demande précisément cet ouvrage…

Bien fait !

66

JE fais partie
de ceux qui entrent en coup de vent
chez un bouquiniste ou un libraire ancien
sans regarder leurs vitrines. La vitesse compte ;
des fois qu'un autre client me pique
le Saint Graal. Je fouine, je traque,
je lorgne dans l'arrière-boutique,
je questionne innocemment, j'achète,
je ressors et, là, je déguste la vitrine.

Elle est la marque,
la personnalité de son propriétaire,
elle met en avant ses trésors.

Seuls certains d'entre vous comprendront
le bonheur indicible éprouvé
lorsque, pour la seconde fois,
je fais sonner la porte d'entrée…

67

J'adore les vieux camions fromagers.
Pourquoi ? Parce que, très souvent,
ils retrouvent une seconde jeunesse
en se transformant en stands ambulants
pour bouquinistes itinérants.
La grande majorité de leur étal
est remplie de livres en état d'usage,
à force d'être lus et relus.
Je me plais à voir la mère de famille
sortir du fond de son sac en raphia,
où trône une botte de poireaux,
trois ou quatre livres, souvent des Harlequin,
les tendre au bouquiniste, puis se diriger
vers les bons bacs pour en reprendre autant.

Ces gens-là ne sont pas
des marchands de livres,
ce sont des bibliothécaires vagabonds.

68

J'ai posé cette question étrange
à de nombreux collectionneurs compulsifs :
avez-vous déjà rêvé du livre
que vous alliez trouver le lendemain ?
Quatre-vingt-dix pour cent d'entre eux
m'ont répondu par l'affirmative.
Si j'ai commencé à poser cette question,
c'est que la chose m'est arrivée.
Comment est-ce possible ?
Combien de fois y ai-je rêvé sans que cela se produise ?
On retient ses gloires, beaucoup moins ses échecs.
À moins que les livres ne vous appellent,
puisque vous les désirez tant. Ils savent bien
qu'ils seront à l'abri pendant une paire de décennies,
que vous les aimerez, les choierez, les protégerez.
Alors, ils vous soufflent leurs cachettes,
leurs retraites et vous accourez.

Si, ça, ce ne sont pas de belles histoires d'amour…

69

JE les connais, je les repère.
Ils sont souvent âgés, seuls.
On les prendrait pour des miséreux. Ils vivent d'un rien,
au ralenti, hors de la consommation. Au minimum.
Vous iriez chez eux, vous vous apercevriez que rien n'a changé
depuis les années 1950. Buffet Henri II hérité des parents,
cuisine en bois blanc, table en formica jaune ou rouge,
occupée pour moitié de pots, boîtes de conserve, journaux.
Un transistor trône sur une étagère.
Un vieux chat vient un peu égayer cette vie monotone.

Si vous avez le suprême privilège d'être là,
c'est qu'ils vous ont accordé une immense confiance.
Vous avez pu percer cette coque en verre
dans laquelle ils se protègent.
Alors seulement ils vous entraînent dans les autres pièces.
Ils ouvrent la porte, celle naguère de la salle à manger.
Et ils sont là. Des milliers de livres, parfaitement classés
sur leurs étagères. Vos yeux s'ouvrent en grand,
captés par tant de trésors, d'éditions rares, de livres dédicacés,
d'ouvrages ayant appartenu à d'illustres prédécesseurs.
Ils ne se vantent pas, ne se glorifient pas. Ils se sont mis
au service des livres comme d'autres au service de Dieu.
Toute leur énergie, tout leur argent, toute leur pugnacité
pour collectionner, avoir, garder, réunir, retrouver, conserver,
sauvegarder tant d'objets si fragiles.

70

Vous êtes plus jeune qu'eux, vous les enviez.
Vous vous dites : je suis né trop tard.
Jamais je ne pourrai égaler une telle bibliothèque.
La jalousie vous étreint. Eux vous regardent,
s'amusent de votre étonnement,
retrouvent en vous une jeunesse
depuis longtemps envolée au fil des pages lues.
Au fond d'eux, une angoisse les vrille sans cesse.
Et après moi ? Ils savent bien qu'ils ne sont
que locataires de ces merveilles accumulées,
garants d'un trésor pour une seule génération.
Cent fois, ils imaginent la suite : une vente aux enchères.
La dispersion de leurs enfants. Ils savent qu'ils seront là,
au-dessus de la mêlée, reconnaissant même au passage
quelques ennemis qui se feront un plaisir de votre mort
en acquérant ce qu'ils ont convoité depuis si longtemps.
Ils se réjouiront d'enchères si hautes.
Une fortune pour leurs héritiers qui étaient loin
de se douter… La vente terminée, leur vie effacée,
seuls leurs ex-libris, s'ils en avaient, témoigneront
de leur passage dans le monde éphémère du papier.

71

JE ne crains guère les voleurs.
Entre un écran plat et deux tonnes de livres,
ils n'hésitent pas. Seuls des spécialistes
pourraient faire la razzia sur une trentaine
d'ouvrages ayant plus de valeur que les autres,
mais cela se verrait tout de suite.
Il suffirait de prévenir les libraires anciens
pour rendre cette marchandise
pratiquement invendable.
Mes principaux ennemis sont l'eau et le feu.
Dans l'autre sens, plus sûrement.
Le feu et l'eau… des pompiers.
Je ne sais pas comment je pourrais supporter
la destruction de tous mes livres.
J'en connais qui ont tout abandonné,
d'autres recommençant
à chercher avec le même entrain.
Je ne veux pas savoir
à quelle catégorie j'appartiens.

72

J'adore les anecdotes des libraires anciens.
Souvent, elles m'enchantent
tellement elles sont révélatrices
de notre société.

Telle celle-ci :
un homme entra dans une boutique
pour demander 1,75 mètre de Victor Hugo
en reliures rouges. Il n'aimait pas lire,
ne lirait jamais les œuvres de Victor Hugo,
mais disposait dans sa nouvelle et grande
maison bourgeoise d'une belle bibliothèque
aux rayonnages de 1,75 mètre.

Le marchand rongea son frein
puis se dit que, finalement,
ces livres seraient entre de bonnes mains
pour traverser encore longtemps le fil des ans.
Alors, zou, pour un 1,75 mètre de Totor !

73

J'entre dans la médiathèque.
D'un pas décidé, sans un regard
pour le présentoir des nouveautés,
je file directement vers le rayonnage
qui m'intéresse. Dans l'allée, commence alors
la traque de l'objet convoité.
Ça va être facile, je connais le nom de l'auteur.
Mon doigt glisse de livre en livre.
Je me rapproche, il n'est pas loin, je le sens.
Soudain, stop. Mon doigt est en suspens.
Trop loin. Retour en arrière. Pareil !

Quoi ? Quelqu'un a osé ? Me prendre CE livre,
celui qui m'est vital, qu'il me faut à tout prix.
Rage contre le monde entier.

Puis, d'un coup, mon doigt fait pivoter le livre
d'à côté, que je ne connaissais pas, mais qui,
ma foi, a l'air très intéressant, peut-être
plus que celui que j'étais venu chercher.

J'aime ma médiathèque.

74

Suis-je **i**ncorrect ? Certainement pas !
Suis-je **o**rdinaire ? Pas le moins du monde.
Suis-je **u**sé ? Ma foi,
je ne me porte pas si mal pour mon âge.
Ai-je l'air **p**érimé ? Pas plus que déprimé !
Inapproprié ? Pas davantage !
Alors que signifie ce **IOUPI** ?
Invention du diable
dont se servent les bibliothécaires
pour « désherber leurs rayonnages ».
Traîtresses ! Je vous croyais des amies,
mais vous allez me sortir
à tout jamais de vos étagères.
IOUPI, disiez-vous ? Une fin horrible !

75

« Hommage de l'auteur.
En vous souhaitant une lecture agréable,
l'auteur. »

J'ai toujours plaisir
à découvrir ce genre de phrases
sur l'en-tête de livres achetés d'occasion.
J'admire la signature de l'auteur,
plus ou moins élégante.
Puis, je souris. On sent bien
que l'écrivain s'en tient au minimum syndical,
certainement pour un critique qu'il ne connaissait pas.
Celui-ci s'est d'ailleurs empressé
de se débarrasser de ce livre jugé insignifiant.

Autant je n'ai pas la vocation ni la patience
d'un moine bénédictin
à faire la queue des heures durant
dans un grand salon littéraire,
autant j'adore ce genre de dédicaces dérisoires.

Cela rend peut-être les auteurs
plus proches de moi…

76

Papa,
Tarzan ne parle pas comme ça dans le livre,
je suis déçu, dit mon fils en sortant du cinéma.

– Oui, mon chéri.

– Papa, Pinocchio ne parle pas ainsi
dans Collodi, insiste doctement ma fille
en arrêtant le dessin animé.

– Oui, ma chérie.

Ainsi de suite :
Shrek, Robinson, Harry Potter, Alice.
Parfois, ça m'agace, mais, à leur âge,
je disais la même chose.
C'est peut-être pour cette raison
que je suis devenu écrivain,
pour donner la bonne voix,
celle que le lecteur s'invente.

77

QU'est-ce que je m'ennuie !
Tout un week-end à attendre le chaland,
lui sourire gauchement dès qu'il s'arrête à ma hauteur.
Attendre patiemment qu'il lise d'un air détaché
la quatrième de couverture pour finalement
reposer mon livre sans me regarder et fuir plus loin.

M'énervent, les autres.
Ceux qui ont une file longue comme un serpent de mer.
Ceux qui dessinent et hypnotisent leur public,
au point que celui-ci vient se vautrer
sur vos piles d'ouvrages pour mieux voir.

Ou, alors, je suis seul, pas loin de l'entrée. À coup sûr,
je sais que je vais servir d'agence de renseignements.
Y a intérêt à savoir où se trouvent les toilettes !

Souvent, une ribambelle de gamins arrive,
un bout de papier ou un programme à la main,
et me demande une signature.
J'adore signer Jules Verne, Jean-Jacques Rousseau !

Je m'interroge :
Comment cela va-t-il se passer avec les livres électroniques ?
Va-t-on dédicacer sur l'écran avec un stylo en plastique ?
En téléchargeant un fichier ? Qu'est-ce qu'il y aura devant
nous ? Des photocopies couleurs d'un dessin de couverture ?
Un écran ? Rien ? Chouette ! On pourra dédicacer au bar !

78

Voir le père Noël,
ce n’est pas évident.
Les rennes, ça file comme une moto,
paraît-il, mais sans bruit.
Puis, le père Noël en question,
on dit qu’il n’est pas habillé de rouge pour de vrai,
pas comme dans la publicité.
Il est vêtu de blanc nuage, camouflé.
Ce n’est pas du jeu.
Je veux essayer quand même,
mais il reste le plus gros problème :
je suis encore si petit.
La fenêtre est si haute pour moi.
Sur une chaise, j’aurais peur de la chute.
Alors, en sifflant, je prends un livre, monte dessus.
Pas assez. Une encyclopédie, tome I.
Encore un effort, le tome II aussi, comme il est lourd.
Je me hisse sur la pointe des pieds.
Je frotte un peu le verre de la fenêtre givrée.
C’est ma nuit de chance.
Au loin, au-dessus de la colline,
soudain je le vois.

79

JE traîne des pieds.
Ma mère me l'a ordonné
d'un ton qui n'admettait aucune réplique.
Je les cherche partout. Il en manque toujours un.
J'accuse mon petit frère de me l'avoir pris.
Il piaille que non, je lui donne une beigne,
histoire de me soulager les nerfs.
Je finis par dégoter le dernier, coincé entre le lit et le mur.
Ils sont tous là. Cinq. Je les mets dans mon sac à dos et j'y vais.

Je traîne des pieds. J'ose enfin pénétrer dans l'antre.
J'ai le regard du condamné à mort avançant vers l'échafaud.
Elle est là qui m'attend au beau milieu du hall,
derrière son comptoir immense. Je sors mes cinq livres.
Je sais ce qu'elle va dire et cela ne loupe pas :

– Vous avez deux semaines de retard.
Pensez aux autres qui veulent lire ces livres.

– Oui… Je… malade…

J'entends les cinq bips salvateurs.
La douchette à lumière rouge m'absout cinq fois.

– C'est bon ! lâche-t-elle enfin.

Cette phrase me soulage, m'enlève tout le poids de la Terre.
D'un coup, je me sens léger, heureux.
C'est d'un pas guilleret que je me dirige
vers la section jeunesse choisir mes cinq nouveaux livres.

80

Entre dix et treize ans,
la bibliothèque SNCF fut ma seconde maison.
Mon père travaillait aux Chemins de fer,
ceci expliquant cela. J'en connaissais les moindres recoins
et les bibliothécaires me semblaient appartenir à la famille.
Un peu comme des tantes à qui on adore rendre visite,
qui ont toujours un gâteau ou des bonbons à portée
de bouche. J'ai pu juger de leur confiance le jour
où ces dames acceptèrent que je les aide à remettre
les livres rapportés sur leurs étagères.

Je découvris alors le bonheur de pouvoir fouiller
dans la pile de ces livres qui avaient été choisis par d'autres,
cette pile si convoitée, si inaccessible depuis des mois.
Pourquoi avaient-ils été appelés à sortir un temps
de leur alignement, perdus au milieu de milliers d'autres ?
Par choix, par goût, par nécessité ?
Qu'importe, finalement, ils étaient des élus.
Et moi je pouvais faire mon choix parmi eux : les élus des élus.
Jamais de ma vie je n'ai oublié ce privilège
que je souhaite à tout être, amateur de lectures.

81

Pépé m'a glissé quelques pièces.
Il m'a dit : Mémé trouve que des livres, j'en ai trop.
Tu en as déjà toute une armoire !, répète-t-elle.
Le fait est que l'armoire croule un peu.
Il m'a dit : J'ai le kraft. Je connaissais ma mission.
Aller à la librairie après l'école, avant le bus.
Acheter le bouquin signé Maeterlinck,
le cacher derrière le grand livre de maths
dans le cartable. Aller chez les grands-parents,
faire mon plus beau sourire, éloigner mémé
en lui demandant une part de tarte aux fruits,
puis, hop, refiler le bouquin à pépé.

Le temps qu'il insiste pour que je garde la monnaie,
mémé revient, je goûte, un peu honteux de la tromper
en savourant la sublime tarte à la rhubarbe
encore chaude et dorée de sucre.

Pendant ce temps-là, pépé s'est absenté,
il recouvre le livre de papier kraft,
comme d'habitude, et le tour est joué.
Comment savoir que c'est un nouveau livre ?
Pépé revient, déguste son café
et nous oublie en se mettant à lire.

82

Arrivée à Paris, gamin.
Mon père m'emmène voir la tour Eiffel.
Soudain, il est pris de coliques foudroyantes
et court vers les premières toilettes publiques,
juste au sortir du métro.
Au bout d'un temps infini, inquiet,
je m'approche et l'appelle doucement.

– Y a plus de papier ! m'annonce-t-il, agacé.

En désespoir de cause, le cœur fendu,
je sors mon livre de ma poche
et le glisse sous la porte.

– Garde-moi le chapitre II.
J'ai envie de le relire…

83

Étudiant, j'ai volé des livres.
Je ne sais pas pourquoi mais, encore aujourd'hui,
je n'arrive pas à me sentir coupable.
Autant que voler toute autre chose me culpabilise…
Peut-être que la nourriture… si j'avais faim.
Oui, c'est ça ! Je volais les livres pour ma faim à l'esprit.
Je savais bien que les libraires gagnent peu,
que j'aurais pu mettre les pieds dans une bibliothèque.
M'en fichais !
Mon copain a eu le culot de rentrer chez un bouquiniste
avec une encyclopédie en cinq volumes.
Le marchand lui a dit qu'il en avait déjà une
et qu'il lui en donnait la somme ridicule de trente euros.
L'ami a accepté et a pris l'argent.
Ce fut seulement le soir que le libraire s'aperçut,
en rentrant son étal à l'intérieur,
qu'il avait racheté ses propres livres !

84

Ma vie sans livres, je ne m'en souviens pas.
Il y eut d'abord ceux de mes parents, puis les miens.
J'accumule, j'entasse, j'énerve. Surtout aux déménagements.
L'ampleur de la tâche en effraie plus d'un,
même les professionnels qui me regardent tel un extraterrestre
lorsqu'ils découvrent mes différentes bibliothèques
occupant le moindre espace, allant se nicher dans les couloirs,
jusqu'aux toilettes. Agaçants sont les déménageurs
avec leurs cartons, minces comme du papier à cigarette
et qui ne supportent pas le poids de la culture.
La plus grande invention après la roue est le carton à bananes.
Voilà du contenant sérieux. D'ailleurs, tous les camelots sur les
marchés l'ont adopté. Hypersolide et avec des poignées, l'idéal.
La dernière fois que j'ai voulu déménager mes quinze mille
livres, j'ai passé un pacte avec le directeur de la grande surface
près de chez moi. Il a compris mon problème,
m'a fait garder plus de quatre cents cartons de ce type.
Je venais en chercher tous les trois jours.
Les vigiles inspectaient chaque carton, au cas où :
ils ont même trouvé un jour une malheureuse banane.
Cette trouvaille a frisé l'incident diplomatique.
Ensuite, le casse-tête a débuté : comment placer les livres
sans les mélanger, repérer les cartons, jusqu'où les entasser.
Galère ! Pourtant, moi qui suis tout sauf sportif,
que personne ne pourrait obliger à soulever de la fonte,
je peux passer des semaines à me coltiner des cartons de livres.
Ce colportage me rend terriblement heureux.

85

Il y a deux moments idéaux
pour aller au marché aux Puces.
Très tôt le matin, pour fouiller dans les caisses,
au cul du camion, afin de dénicher la perle rare.
L'autre heure, celle que je ne déteste pas, tout à la fin
du marché, déjà déserté par les clients et les marchands
qui remballent vite pour tailler la route.

Je prends un malin plaisir à flâner entre les stands épars
de ceux qui remballent tout avec précaution,
ceux qui ont du mal à partir.
Chez ceux-là, c'est l'heure de la négociation sérieuse.
Suivant leur chiffre d'affaires – surtout s'il est dans
le négatif –, on peut obtenir un important rabais.

Et puis, entre ces retardataires, j'adore jouer au vagabond
des rues et venir fouiller dans le tas d'objets parfois
cassés, laissé par le brocanteur au pied d'un arbre.
Souvent, je trouve des livres abandonnés
parce que mouillés, sales, déchirés ou tout simplement
considérés comme quantité négligeable.
Je me fais alors le devoir de les recueillir,
de les soigner, de les sauver d'une mort certaine,
et, quelquefois, suprême honneur, de les lire.

Je les appelle mes lectures de hasard.
Et il fait souvent bien les choses.

86

JE fais partie de ces hommes
incapables de draguer.
Qui trouvent ça nul, artificiel.
Qui trouvent qu'en ces instants d'approche
ils ne sont pas eux-mêmes.

Je suis donc incapable de draguer une fille
à la terrasse d'un café… sauf si elle lit un livre.
Et pas n'importe quel livre.
Un livre que j'ai lu et aimé.
Alors, face à cette rare créature divine,
toutes mes inhibitions tombent d'un coup.
Je l'aborde sans complexe,
lui parle littérature, la conseille, l'écoute.
Je cerne sa personnalité à travers ses choix.
Pourrais-je lui faire l'amour ?
Pourrais-je vivre avec elle
et supporter ses lectures ?

Trois fois, dans ma vie, cela a marché.
Trois fois, dans ma vie, cela a cassé.
Les livres vieillissent de plus en plus vite…

87

ÇA s'est passé
juste après mon déménagement.

L'occasion, comme d'habitude,
de réorganiser ma bibliothèque.
À un de mes amis, j'annonçais :
j'ai perdu dix livres !
Celui-ci me répondit que cela ne se voyait pas.

Devant ma mine d'ahuri,
il continua, imperturbable :

– Moi aussi, j'ai perdu un jour cinq kilos,
eh bien c'était plus flagrant que chez toi.

Je n'ai jamais osé lui demander
s'il s'agissait d'une blague.
Je tiens trop à garder mes amis !

88

L'autre jour,
un analphabète que j'ai pour ami cher
me faisait remarquer que lire, c'est s'isoler du monde.
Il n'en voyait aucunement l'intérêt,
étant donné que vivre, c'est partager avec d'autres.
Je bus une gorgée de bière (pas la première !),
pris une longue inspiration,
histoire de me rappeler ma courte initiation au yoga
pour se calmer en cent dix leçons, enfin me lançai :

– Lire, c'est s'isoler temporairement du monde
environnant pour l'appréhender ensuite,
puisqu'on le comprend mieux. Et pour autant que
l'âme existe, lire serait son médicament.

Mon ami a souri comme on le fait à l'enfant
qui pose une question à laquelle on ne sait pas
ou ne veut pas répondre. Lui aussi a vidé son verre.

– J'achèterai une liseuse le jour où il y aura des films
dedans, a-t-il déclaré avant de s'en aller.

Je suis resté longtemps les yeux rivés sur les souvenirs
de la mousse glissant au long de mon verre.
La philosophie de comptoir
me laisse indéniablement dans cet état.

89

Vous avez remarqué
qu'au moment où l'écrit va rejoindre,
au royaume des dématérialisés,
la musique et les images,
le livre photo devient l'objet phare.

90

C'est à nouveau
la trop brève histoire
d'un bébé de Pantin qui pleure
pour avoir son livre de bain.
Sa mère panique et,
vu qu'elle l'a aussi en numérique,
le lui tend, cette fois c'est tragique.

91

À l'écrivain,
le petit garçon dit,
juste après la conférence :

– Plus tard, je serai aussi dans les livres.
D'ailleurs, c'est vrai que j'écris déjà
très bien entre les lignes.

92

LU cette phrase
dans la marge d'un livre :
« Je ne relis jamais,
je n'aime pas le repassage ! »

93

JE compte mes pièces
en entrant dans le bar. Pas lourd.

Une seule bière, peut-être. Une table se libère.
Un vieil homme éméché part en maugréant.
Sur la table, je vois un livre, oublié.
Je poursuis le client qui, ne m'écoutant pas,
me chasse avec des insultes, des menaces.
Je reviens donc m'asseoir, le livre à la main.
Je lis le titre: *Le Livre du rire et de l'oubli*
de Milan Kundera. Je ris, j'oublie tout
et me mets à lire. Le garçon tarde à venir.
En tournant une page, je trouve soudain,
en guise de signet, un billet de vingt euros.
À ce moment, quelqu'un me parle.
C'est le serveur.
Je lui demande son meilleur porto
et continue, sourire aux lèvres, ma lecture.

94

C'est l'histoire d'un homme
qui porte un livre à la place d'une maison.
Où il habite sans habiter,
c'est trop serré ou écroulé.
Alors, lui qui vit dehors, il prétend,
un soir d'automne un peu glacial,
se couvrir d'un livre, que celui-ci lui tienne
chaud, si petit qu'il est pour son corps filiforme.
Et, contre toute attente, le lisant en candide,
il trouve que *Lolita*, c'est si bien écrit,
et qu'un livre ça réchauffe pour de vrai.
Tourner la page, ça donne à voir,
ça prend corps, ça fait se souvenir
comment on fait pour s'oublier.
La maison, elle est là, brique ou pas,
près du cœur, avec un joli nom russe.

95

Monsieur Mirko
ne possédait pas beaucoup de livres.
Sa bibliothèque était plutôt remplie de bibelots,
de jouets mécaniques, de souvenirs exotiques
gagnés par la poussière.
Monsieur Mirko ne possédait
vraiment pas beaucoup de livres.
À dire vrai, il n'en avait que deux.

Le premier était usé d'avoir été feuilleté,
lu, relu des dizaines de fois.
Le second était le même roman,
mais jamais lu, avec les pages non coupées.
Pas intact cependant : sous le titre,
un trou ancien trahissait l'impact d'une balle.
Ce livre-là, traînant dans sa poche, l'avait sauvé
de la mort, pendant la guerre, en Yougoslavie.
C'est pourquoi, pour simple porte-bonheur,
il l'avait racheté et relisait toujours le premier
sans jamais se soucier d'une autre histoire.

96

Élodie relit presque tous les soirs
le même conte de fées.
Il est dur, cet Andersen.
L'histoire préférée d'Élodie
se termine mal, très mal.
Chaque fois qu'elle va tourner la dernière page,
celle où le récit bascule tragiquement,
elle s'arrête un moment, retrouve son souffle.
Puis, déçue, elle assiste à la fin
du petit soldat de plomb et de la danseuse.
Mais elle ne se décourage pas.
Elle l'emporte partout avec elle,
le reprend au début, pleine d'espoir :

– Je le sais, un beau jour,
en tournant la dernière page,
tout aura changé.

97

LA jeune fille se souvient
du temps où ça bombardait.
Faute de moyens ou de pouvoir bouger,
comment trouver de nouveaux livres ?
Elle revenait alors
aux deux seuls qui la fascinaient :
le Larousse et les *Fables* de La Fontaine.
Sa préférence n'allait pas seulement
au contenu, à la mine de mots,
aux animaux qui singent les hommes.
C'était pour l'odeur que dégageaient
ces deux-là, familière et suave à la fois.
Quand ça bombardait, dans le vacarme,
elle respirait le papier, l'encre,
s'en emplissait les narines.
Elle concentrait ses sens sur le seul odorat.

Souvent, en humant dictionnaire et fablier,
elle leur trouvait comme un parfum
de fleurs anciennes.

98

À la sempiternelle question pivotienne :

– Si Dieu existe,
qu'aimeriez-vous,
après votre mort,
l'entendre vous dire ?

Je réponds toujours :

– La bibliothèque,
c'est au fond à droite !

99

JE suis la table des matières.
J'attends que l'on me clique.
Tout le monde s'en fout.

Avant, on terminait par moi.
On était obligés ou presque.

Parfois, je faisais repartir en arrière,
comme dans les manèges.

Un vertige, c'était bon.
Vous êtes en option, m'a dit un jour l'éditeur,
comme si c'était une promotion.
Depuis, l'immatériel me guette,
le virtuel est là, j'attends que l'on me clique.

C'est dur d'être la table
où personne ne s'assied.

100

Serai-je un jour assez fort
pour tourner la page ?

ET MAINTENANT, C'EST À VOUS...

Les pages qui suivent
sont destinées à accueillir
vos propres déclarations d'amour au livre.